AF253782

LA SOLUTION ESPAGNOLE

ET

LE PARTI CARLISTE

LA SOLUTION ESPAGNOLE

ET LE

PARTI CARLISTE

PAR

Le Marquis d'ALEX

Chevalier de l'Ordre royal de Charles III, ancien Rédacteur des journaux
La Légitimité et *La Fidélité*, de Madrid.

TOULOUSE

IMPRIMERIE DE BAYLAC & BLANC

1, RUE DU MAY, 1

1874

A MONSIEUR VICENTE DE MANTEROLA

EX-DÉPUTÉ.

Cher et respectable ami,

Vos désirs sont des ordres pour moi. Il y a un mois, vous m'avez manifesté le vœu de voir se produire quelque écrit concernant l'état actuel de l'Espagne.

Le coup d'Etat qui vient d'avoir lieu dans notre infortunée patrie, oblige, ce me semble, tous les honnêtes gens à dire la vérité aux Espagnols, alors surtout que l'on voit se produire les mêmes intrigues qui les ont soumis au joug honteux d'un roi étranger. En ma qualité d'ancien journaliste, je me fais un devoir de signaler ce danger imminent à nos chers compatriotes.

Cher ami, les moments sont solennels : l'ambition allemande semble vouloir étendre partout son réseau dominateur; je dis plus, la lutte entre le protestantisme et le catholicisme, entre la race germanique et la race latine prend d'immenses et sanglantes proportions.

C'est à nous de nous défendre et de prouver à l'univers entier que les fils de Pélage, de Ferdinand et du Cid existent encore ; que nous aimons l'indépendance chrétienne et politique; que nous n'entendons pas devenir un instrument d'ambitions.

Si, par impossible, nous étions vaincus, l'histoire redira un jour, que nous avons pleinement accompli notre devoir, et que si nous n'avons pas eu la force, du moins la justice et le droit étaient de notre côté.

Permettez, cher et respectable ami, d'orner ce petit opuscule de votre nom ; ce sera la seule chose qui le recommandera ; et veuillez bien agréer ce faible hommage de votre dévoué ami.

LE MARQUIS D'ALEX.

6 Janvier 1874.

LA SOLUTION ESPAGNOLE

ET

LE PARTI CARLISTE

I

L'agence Havas annonçait, il y a quelque jours à peine, un nouveau *pronunciamiento* en Espagne : un scandale de plus faisant suite à une série interminable de scandales. — Les Cortès constituantes ont été dissoutes à coups de crosses par les légionnaires du général Pavia; les Prétoriens de l'empire romain prenaient plaisir à proclamer tous les six mois un nouveau César qu'ils devaient bientôt après renverser. C'est toujours la même parodie. Castelar a dû céder, bien malgré lui, sa place à Serrano, qui s'est fait déclarer chef du pouvoir exécutif de la République espagnole.

De cette bagarre est sorti un simulacre de ministère.

Déjà, en avril dernier, le général Serrano voulut escamoter, à son profit, la République; il ne réussit pas et ne dut son salut qu'à une fuite honteuse avec ses complices, ministres aujourd'hui.

L'Europe, le monde entier n'ont pu suivre cette innombrable série de *pronunciamientos* qui se sont succédés, à des périodes plus ou moins longues, depuis près de 40 années, sans se demander quel rôle joue un nom que l'on y trouve toujours mêlé, celui de Serrano.

Né en 1810, dans l'île de Léon, de parents forts pauvres, Serrano (François) ne tarda pas à considérer comme plus qu'insuffisant le patrimoine qui lui était réservé; comme beaucoup de déshérités de la fortune, c'est à la carrière des armes qu'il voulut s'adresser pour redresser les torts qu'en naissant elle lui avait légués. Il comptait, pour y réussir, sur son esprit d'intrigue, sa souplesse à toute épreuve, son énergie peu commune, et aussi, le dirons-nous, sur les faveurs et les dons qu'il avait reçus de la mère nature.

Il n'a que trop réussi dans ses aspirations ; et s'il est une figure au monde qui représente l'astuce, les palinodies, les trahisons, c'est sans contredit celle de notre héros.

Sous-lieutenant des gardes-côtes douaniers, en 1830 (il avait 17 ans), au temps de Ferdinand VII, c'est lui qui entra à Madrid, au cri de Vive le Roi ! porteur de la nouvelle de l'exécution militaire de Malaga, où le malheureux général Torrigos et ses quarante-trois compagnons trouvèrent la mort. Peu de temps après, il faisait ses premières armes contre les Carlistes, en qualité d'aide-de-camp de Espoz y Mina.

Son rapide avancement, qu'on explique difficilement, lui fut acquis moins par ses qualités militaires que par certains services politiques qu'il put (grâce à son esprit délié) rendre à ses chefs.

Aide-de-camp d'Espartero pendant la guerre civile, dite des *sept ans*, il rentrait à Madrid, après le traité de Vergara, avec le grade de général de brigade, et ce qui ne gâtait rien à une époque où l'Espagne était gouvernée par deux femmes, avec la réputation d'être le plus joli général de l'armée royale (c'est-à-dire constitutionnèlle.)

Sa bonne mine lui donna accès à la Cour. Dès ce moment, le *général Bonito* trouvait dans le cœur de sa souveraine — qu'il devait plus tard renverser — d'inépuisables trésors d'indulgencé pour sa conduite à venir.

En 1839, il fut fait maréchal de camp, et l'année suivante, il entra aux Cortès comme député de Malaga. Espartero était alors tout puissant, *il vota pour Espar-*

tero ; mais le vent ayant tourné, et le duc de la Victoire ayant vu pâlir son étoile, Serrano tourna avec le vent, et on le vit chassant de l'Espagne son chef, son ami, son protecteur, celui qui lui avait frayé la voie des honneurs.

Ministre universel après ce beau succès (1843), sénateur en 1845, capitaine-général de Grenade (1847), il se maintient toujours au premier rang.

On le voit dans cet intervalle conspirer sans relâche, trahir ses amis, moyennant grosses finances, et rester tranquillement à Madrid, quand ceux-ci traqués et chassés étaient obligés de reprendre le chemin de l'exil.]

Il fut disgracié et dégradé de ses emplois, en 1854, pour avoir accompagné le maréchal O'Donnell dans le soulèvement de Vicalvaro, destiné à « sauver l'Espagne » en renversant le comte de Saint-Luis. Mais la révolution triomphante lui permit de reprendre son épée.

En récompense de son épopée, Serrano reçut quelques années plus tard (1860) la capitainerie-générale de Cuba. Comment il se comporta dans ce pachalick, quelles économies il sut réaliser sur son traitement, sont choses que nous ne rechercherons pas ; toujours est-il qu'il revint au bout de quelques mois avec une immense fortune, et ramenant avec lui une des plus belles créoles des Antilles.

Aussi nul en diplomatie qu'en science militaire, il voulut négocier l'annexion à l'Espagne de l'île de Saint-Domingue, et ne réussit qu'à donner des prétextes pour une malheureuse guerre qui n'aboutit à aucun résultat.

Pour prix de sa maladresse, il recevait à souhait les honneurs. Successivement Maréchal, Ministre d'État, duc de la Torre, grand d'Espagne de 1re classe, chevalier de la Toison-d'Or, etc., il ne lui manquait plus qu'une occasion pour franchir le Rubicon qui le séparait de la souveraine puissance : il eut soin de la faire naître.

Il trouvait l'occasion de sauver encore une fois l'Espagne (mais à sa manière), en mitraillant les Cortès (1856), et les insurgés dits Progressistes qui s'étaient révoltés au cri de : Vive Prim (1866) ; ces mêmes progressistes qu'il devait dans quelques années faire servir de marchepied à son ambition.

Exilé en mai 1868 par le ministère Gonzalez Bravo, il fut envoyé aux îles Canaries d'où il ne tarda pas à revenir.

Nous arrivons à la révolution du 29 septembre ; la malheureuse Isabelle, victime d'une éducation monstrueuse, d'un entourage pervers, avait épuisé la patience du pays ; elle voyait chanceler son trône qui devait tomber au premier effort. C'était au général Bonito que devait incomber ce soin ; en effet, d'accord avec Prim et ses amis, il consomma à Puente de Alcolea la chute définitive de la royauté constitutionnelle à laquelle il devait tout, position, honneur et fortune.

Et cependant Serrano avait signé, le 22 septembre 1868, avec le général d'Isabelle, marquis de Novaliches, une convention dont l'article premier était ainsi conçu : « On déclare subsistant le trône et la dynastie. » Malgré cette déclaration formelle, Serrano entrait à Madrid, le 4 octobre suivant, aux cris de : *A bas les Bourbons.* Coïncidence historique ! c'était le 4 octobre qu'entrait aussi à Zamora *Bellido Delfos,* l'assassin du roi Don Sancho.

Il serait peut-être bon de ne pas laisser passer sous silence les engagements de Serrano avec le duc de Montpensier, commanditaire de ce coup de main. Nous les mentionnons sans insister, car il nous répugne de soulever un voile qui recouvre la turpitude de l'un et de l'autre.

Par suite de ces événements, l'ambition du maréchal Serrano était *presque* satisfaite ; il fut appelé à la régence du royaume, en attendant un roi qui ne put être trouvé qu'en 1870.

Quand ce roi (Don Amadeo) fut sur le trône, Serrano s'arrangea de façon (malgré son serment) à lui rendre la vie impossible.

Ses efforts furent encore une fois couronnés de succès, et après le départ d'Amédée, il s'appliqua à façonner une république à son usage particulier. Ceci explique bien des choses; on peut voir, en effet, que depuis un an toutes les paroles, tous les actes de l'ex-*douanier* garde-côtes, ont tendu à préparer le *pronunciamiento* du 3 janvier dernier. Reste à savoir comment Il pourra tenir tête à cette situation de plus en plus menaçante pour lui. Attaqué vivement par les Carlistes dont les récentes victoires menacent le cœur même de l'Espagne, renié des Alphonsistes qui ne voient en lui que la mauvaise étoile d'Isabelle, repoussé par les Républicains qui n'oublieront jamais le complice de Pavia! Serrano voit s'écrouler d'heure en heure un pouvoir qui serait depuis longtemps tombé, si une main mystérieuse, la même qui a rêvé l'asservissement des races latines, ne daignait le protéger.

Pauvre Espagne! que de malheurs nouveaux te menacent, si tu ne repousses de ton sein ce général qui a toujours fait ton malheur, dont le nom est mêlé à toutes les basses intrigues, et dont le pouvoir malfaisant te précipite dans un abîme où ta dignité et ta religion seront fatalement anéanties.

On se demande, en présence de ces événements si caractéristiques, quel gouvernement Serrano pourrait fonder.

La République conservatrice?

La monarchie constitutionnelle et démocratique de Don Alphonse de Bourbon?

La monarchie avec un prince étranger?

II

République unitaire. — République fédérale.

L'Espagne n'est pas républicaine. Castelar l'a reconnu dans une circonstance mémorable, et son témoignage n'est pas suspect. N'était-ce pas aussi l'opinion des Cortès révolutionnaires, qui en acceptant la démission d'Amédée et en votant pour la République, ne cédèrent qu'à la pression des masses qui les menaçaient de mort, si la fédérale ne sortait point du scrutin de vote. Républicains par intérêt plutôt que par conviction, ils obéirent à la soif d'une popularité équivoque, refoulant en eux-mêmes leurs instincts monarchiques. La République fut cependant proclamée : Figueras, Pi y Margal, Salmeron, Castelar se succédèrent à quelques jours d'intervalle, et l'Espagne affaiblie a vu tous les mois se produire un nouveau ministère.

Les républicains *intransigeants* , mécontents d'une forme républicaine trop modérée, s'insurgèrent contre le gouvernement de Madrid, et s'emparant de Carthagène, y proclamèrent la République *cantonale,* secondés par une partie de la marine, mise hors la loi par le gouvernement de Madrid.

Ce n'est pas, du reste, la première fois que cette belle

et superbe marine espagnole, jadis si fidèle et si héroïque, s'est révoltée sous les gouvernements révolutionnaires. Déjà le vice-amiral Pinson se révolta en 1846 sur la côte de Valence, et Camacho, gouverneur de cette grande ville, fut traîné dans les rues par la populace. Ces faits n'ont pas besoin de commentaires.

La république de l'*honnête* Castelar fut inaugurée par les assassinats de Cadix, de Xérès, de Séville, de Malaga, de Montilla, etc. ; en Andalousie, Barcelonne, Valls, etc.; dans la Catalogne se reproduisirent des faits épouvantables ; à Alcoy, le maire fut brûlé dans un bain de pétrole.

On ne peut écrire, sans frémir, les horribles attentats commis contre la sûreté personnelle dans toutes les localités où l'élément républicain n'était pas contenu par des forces imposantes ; et ce qui mit le comble à ces désordres, c'est la révolte de *Contreras* et des députés *intransigeants* contre la République de Madrid, et l'insurrection cantonale de Carthagène où se sont commis toutes sortes d'excès, toujours au nom de la République et de la liberté ! Carthagène était le meilleur et le plus riche arsenal de l'Europe ; aujourd'hui, ce n'est qu'un monceau de ruines : la frégate cuirassée le *Tétouan*, un des meilleurs vaisseaux de la marine, est perdu, et la *Numancia*, aussi cuirassée et le plus beau bâtiment de guerre, est fortement endommagée. Voilà les résultats de la proclamation de la République en Espagne; ces deux bâtiments n'ont pas coûté moins de 80,000,000 de réaux (21 millions de francs).

Partout où les républicains espagnols ont mis les mains, c'est pour ruiner, c'est pour bouleverser.

Quoi qu'il en soit, d'ailleurs, les républicains espagnols, à quelques rarissimes exceptions près, sont la lie du peuple ; ivres de sang et de pillage, ils usent de tous les moyens pour assouvir leurs instincts grossiers.

Il ne peut pas en être autrement. La vraie Espagne n'est, n'a été, ne sera jamais républicaine. Les peuples, pour être quelque chose, ont besoin de vivre de leurs souvenirs ; dès le commencement de son existence comme pays autonome, l'Espagne a vu sa vie, son indépendance, ses libertés, étroitement, intimement unies à la monarchie chrétienne. Un honnête homme ne saurait, dans aucun cas, renoncer à ses titres de famille, aux honneurs et aux gloires de ses ancêtres : l'Espagne ne doit ni ne peut renoncer à son histoire, à ses gloires, à ses grandeurs.

Les arguments tirés de quelques rares Républiques, ne nous sont point applicables. Pour la Suisse, comme pour les diverses nationalités américaines, la République est l'histoire de leur indépendance. La Suisse existe de fait par le bon vouloir des hautes puissances qui l'entourent : la Suisse est obligée d'aller à la remorque d'une de ces puissances ; elle suit maintenant les errements religieux de la Prusse ; demain elle suivra peut-être une autre puissance plus heureuse que la Prusse, si l'Allemagne ne l'a déjà annexée à son empire.

Les Républiques américaines ne sont malheureusement pas un bon exemple à suivre. Tous les six mois on voit surgir, presque infailliblement, un nouveau pouvoir qui succombe périodiquement. Le premier venu se fait proclamer président ; il fait crier *Vive la République !* et tout est dit.

Le Mexique, le Pérou, la Nouvelle-Grenade, Honduras, le Chili, etc., etc., se sont chargés de nous habituer à ce spectacle.

Les Etats-Unis, à peine remis d'une guerre sanglante et désastreuse contre les séparatistes du Midi, révèlent maintenant leurs aspirations à l'empire de tout le continent américain. Disons, en passant, que l'existence sociale des Etats-Unis est due, en très grande partie, à l'énorme et périodique émigration européenne qui, abandonnant le pays natal en vue de s'enrichir, ou fuyant des persécutions personnelles, se soucie médiocrement de la forme de gouvernement du pays où elle va se fixer. Peut-on, d'ailleurs, nier l'état d'abrutissement où se trouve le peuple de New-York ? Peut-on mettre en doute son immoralité et son ignorance ?

Nos républicains espagnols ont peut-être songé à parodier un semblable régime ; peut-être ont-ils l'espoir d'éteindre, en se servant de la force, l'amour inné du peuple espagnol pour la monarchie ; mais le coup de grâce que Serrano a porté à la République par sa dictature, et l'indifférence ou plutôt le mépris avec lequel le pays a regardé les républicains dans l'affaire du *Virginius*, doit faire comprendre à ceux-ci leur erreur.

Le général Serrano a porté le dernier coup à la République espagnole ; plus il protestera de son dévouement à cette forme, moins on ajoutera foi à ses paroles. Voilà la confiance qu'inspire la parole du général Serrano.

III

La Monarchie constitutionnelle de don Alphonse de Bourbon.

Nous avons fait voir que la République *unitaire* ou *fédérale* est impossible en Espagne; mais le général Serrano ayant publié dans son manifeste que le pays sera de nouveau consulté pour se donner un maître, le jeune prince Don Alphonse se présente à l'esprit de quelques hommes politiques comme pouvant offrir une solution raisonnable à la crise espagnole ; surtout lorsqu'on a lu dans le journal *El Tiempo* une lettre attribuée à ce jeune prince. Nous allons nous occuper, bien malgré nous, de l'*Ecolier de Vienne*, et nous ferons voir non-seulement l'impossibilité sociale de cette candidature au trône d'Espagne, mais encore l'inconvenance, le ridicule et les suites malheureuses d'une telle prétention.

Don Alphonse de Bourbon fils d'Isabelle ne représente pas le droit légitime.

Don Alphonse de Bourbon fils d'Isabelle ne saurait non plus que représenter le droit issu de la révolution.

Don Alphonse de Bourbon fils d'Isabelle ne peut être une garantie de paix.

Voilà ce que nous allons démontrer.

Le fils d'Isabelle ne représente pas le droit légitime ; c'est une vérité incontestable après tant d'écrits lumineux où l'on a fait voir que Isabelle ne pouvait être reine d'Espagne d'après les lois fondamentales en vigueur. Pour nous borner au dernier écrit de notre honorable ami le comte del Pinar, nous concluons comme lui :

1° Qu'il n'y a eu de loi proprement dite de succession royale au trône d'Espagne, que celle publiée en 1713 par Philippe V, après consultation et délibération des Cortès du royaume ;

2° Que cette loi n'a fait que transformer en *droit écrit*, la tradition immémoriale en Espagne excluant les femmes de la succession au trône, excepté le cas où il ne se trouverait un seul mâle dans toute la famille royale ;

3° Qu'aucune autre loi n'a été ni faite, ni promulguée, ni acceptée, en Espagne, d'une manière aussi légale, aussi régulière, ni aussi conforme au droit public et national espagnol ;

4° Que la *pétition* des *Cortès* de 1789 et la prétendue pragmatique de 1830, abrogeant la seule loi fondamentale de succession de 1713, ne sont autre chose qu'un tissu de mensonges, qu'un amas de fourberies ;

5° Que même en supposant, par impossible, la validité de ces deux actes, ils ne sauraient avoir un effet rétroactif à l'égard de don Carlos V, né avant 1789 ;

6° Que, par conséquent, pour tout homme tant soit peu initié dans le droit et la législation espagnole, il n'est pas possible de mettre en doute le droit incontestable de Charles VII au trône d'Espagne.

La monarchie constitutionnelle d'Isabelle de Bourbon, qui n'est autre chose que le mépris du droit et l'usurpation de la couronne d'Espagne, eut lieu après la mort de Ferdinand VII, grâce aux ténébreuses manœuvres, aux noires intrigues de Maria Christina mère d'Isabelle. Si les Cortès, réunies en 1833 en opposition flagrante aux lois traditionnelles de l'Espagne, prêtèrent ou firent le simulacre de prêter serment à Isabelle comme princesse des Asturies, d'autres Cortès, encore plus illégales et irrégulières, osèrent mettre sur la tête d'un enfant de deux ans la couronne des Deux-Mondes, en privant de ses droits légitimes à la couronne Don Carlos V et toute sa postérité, bien innocente sans doute. Mais ces prétendues Cortès poussèrent l'audace jusqu'à donner à ces lois capricieuses et nulles un effet rétroactif, et qui plus est, en proscrivant des enfants même avant leur naissance.

Le système constitutionnel n'a pu subsister en Espagne. Manquant absolument de bases légitimes, en contradiction évidente avec l'histoire, les traditions de ce pays, il ne peut que continuer l'ère révolutionnaire. Le constitutionalisme, antipathique aux Espagnols, n'a pu s'établir que par la force et par un parti égaré qui a été obligé d'avoir recours à un simulacre, à une parodie du suffrage universel, qui ne saurait, en tout cas, être autre chose en Espagne qu'une indigne mystification. — Le suffrage universel, d'ailleurs, a été solennellement condamné par le Saint-Siége apostolique; il n'a fait que porter malheur aux trônes élevés par lui; témoins : Napoléon III et Isabelle de Bourbon. Le suffrage universel est réellement ce Saturne de la fable qui dévore ses propres enfants.

Quarante années de tristes expériences prouvent plus que suffisamment nos assertions. Chaque parti, aussitôt après avoir usurpé le pouvoir à son profit, tenait toute prête sa constitution qui toujours devait être la panacée universelle de la malheureuse Espagne. En moins de quarante ans on a élucubré, pour le moins, huit diverses et nouvelles *constitutions,* sans compter celles qui ont avorté avant d'être mises au jour, ou qui n'ont eu qu'une vie éphémère. L'Espagne subjuguée a supporté, avec une pénible résignation, tous ces charlatans devenus des *faiseurs* de *constitutions,* qui toutes n'ont fait qu'aggraver ses maux et introduire le chaos et le désordre partout.

Les libéraux de toutes les nuances ont prétendu constituer l'Espagne ; cependant la patrie de saint Ferdinand et d'Isabelle la Catholique, n'avait pas eu besoin d'attendre quatorze siècles pour se constituer. Tous les jours on disait au peuple qu'il fallait conquérir les libertés ; cependant la vraie liberté politique et chrétienne avait été amplement mise en pratique depuis plusieurs siècles dans les comités nationaux de Castille, d'Aragon et de Catalogne. Après chaque insurrection, chaque *pronunciamiento,* on a eu soin de répéter la phrase stéréotypée : « que désormais l'ordre, la liberté et la paix seraient une vérité. » On a proclamé l'économie, l'amortissement de la dette nationale, et il s'en est suivi que non-seulement cinquante milliards de réaux, réalisés par la vente des biens ecclésiastiques, des biens communaux et des propriétés affectées à la bienfaisance publique, ont été engloutis, mais que toute la fortune publique a disparu dans un gouffre, laissant le malheureux peuple dans la misère. On criait à l'absolutisme, et au lieu d'un roi on élevait sur le pavois trois cents tyrans qui ont asservi constamment la population depuis la capitale jusqu'au plus misérable hameau ; qui ont égorgé les religieux et les prêtres paisibles dans leurs couvents ou leurs paroisses ; qui ont déporté plus de huit mille citoyens honorables et pacifiques dans une seule année, et qui sous le moindre prétexte ont déporté encore ou à Cuba ou aux îles Philippines, les malheureux qui se fiaient à leurs promesses. Le nombre de victimes immolées par ces barbares depuis leur règne de *lumière* et de *liberté* est incalculable. L'armée, cette noble et nécessaire institution, a été outragée, avilie, corrompue depuis longtemps ; triste résultat de quelques scélérats ambitieux. Il n'est pas une famille qui ne compte dans son sein quelque victime. Tous les champs de notre patrie sont inondés par le sang, et le libéralisme, nouveau Caïn, se fait gloire de montrer ses mains ensanglantées.

Le fait révolutionnaire qui plaça Isabelle de Bourbon sur le trône de Castille, finit le 29 septembre 1868, à la bataille d'Alcolea, — quoi qu'en disent les partisans de l'ex-reine, — tout juste 35 ans après la mort de son père Ferdinand, survenue le 29 septembre 1833. Dona Isabelle ne représentait donc en Espagne que la Révolution. Et, en effet, Isabelle de Bourbon n'avait été reine de fait que par la prétendue volonté nationale, et ne continua de l'être que par la trahison de *Vergara*. Nos pères se sont battus sept ans pour délivrer l'Espagne de la Révolution : les généraux *Maroto, Urbistondo, La Torre* et *Segarra* trahirent leur roi et passèrent à l'ennemi.

Isabelle de Bourbon fut expulsée par la Révolution et par la trahison de quelques-uns de ses généraux ; et remarquons la différence entre le *droit* révolutionnaire et le *droit* légitime. Charles V a transmis son droit intact à ses enfants et à leurs descendants ; tandis qu'Isabelle, portée au trône par la Révolution, en a été chassée par la Révolution : elle n'avait donc aucun droit. — Charles V revint en France avec plus de trente mille soldats, non vaincus, mais trahis. Dona Isabelle fut amenée en France par un ex-député carliste, suivie à peine de six serviteurs.

Que représentent donc Isabelle de Bourbon et son fils en Espagne ? Est-ce la théorie des faits accomplis ? Est-ce la liberté des cultes ? Est-ce la constitution de 1869 faite contre la même ex-reine ? Est-ce la banqueroute ou la spoliation ? C'est bien peu de chose.

Quels seront donc les hommes politiques de Don Alphonse de Bourbon en Espagne ?

A part quelques rares notabilités que nous respectons, Don Alphonse de Bourbon serait forcé d'accepter la protection de Serrano, de Topete, du duc de Montpensier et de bien d'autres hommes funestes trop connus en Espagne.

Malheur à l'ex-reine Isabelle si elle remettait son fils dans de telles mains! Car il faut qu'Isabelle n'oublie pas qu'en 1868 et 1869, des journaux représentant son parti, ont osé l'avilir au point de publier que son fils Alphonse était un enfant *adultérin*. (Voir le *Diario Espagnol* d'octobre 1868.)

Supposons, par impossible, Alphonse de Bourbon roi d'Espagne. Ne serait-il pas obligé, à un moment donné, d'appeler à son aide *Don Laureano* Figuerola? Eh bien! en pleine tribune ce Figuerola appela *ladrona* (voleuse) Isabelle, aux applaudissements de toute la Chambre. Quelle humiliation pour la mère et pour le fils? Il y avait certainement dans la chambre et dans les tribunes bien des généraux, bien des magistrats, bien des négociants et des représentants des divers ministères, qui devaient leurs grades et leur haute position sociale à l'ex-reine qu'on flétrissait si cruellement. Eh bien! pas une voix ne protesta contre une telle injure. Les carlistes seuls, les carlistes qui n'avaient eu à essuyer pendant son règne fatal que des persécutions, des déportations, des arrêts de mort ou d'expatriation, les carlistes seuls défendirent dans cette circonstance l'infante de Castille, la cousine de leur roi.

Oh! Madame, vous avez été bien malheureuse!! Pour votre propre honneur, par égard pour votre propre fils, ne le confiez pas à de pareils monstres; car si jadis, étant enfant, vous avez été instrument inconscient des intrigues perverses, aujourd'hui en vous y associant vous deviendriez complice.

Don Alphonse de Bourbon ne peut nullement garantir la tranquillité publique, car tous ceux qui lui seront fidèles arrivés au pouvoir, conspireront contre lui, ainsi qu'ils l'ont fait contre sa mère, dès qu'ils craindront en être dépouillés ou qu'ils ne pourront plus se livrer aux saturnales et aux orgies aux frais de l'État, ni s'enrichir aux dépens du budget; comme on l'a vu pendant le triste règne d'Isabelle.

Du reste, le peuple espagnol n'est pas du tout partisan de Don Alphonse, et pour preuve, personne n'a pris les armes en sa faveur; le peuple, en Espagne, est ou légitimiste ou socialiste. Don Alphonse de Bourbon ne saurait monter sur le trône qu'au moyen d'une insurrection militaire; il n'y tiendrait pas longtemps, car l'armée fera un nouveau pronunciamiento s'il trouve un capitaine ambitieux comme M. Pavia en 1866, ou un général comme le même M. Pavia en 1874.

Pour qu'une monarchie soit stable, elle doit se soutenir par l'amour du peuple envers une institution sacrée qui a partagé ses lauriers comme ses peines.

Alphonse de Bourbon ne représente pas la monarchie traditionnelle; il ne peut donc compter sur l'amour et la fidélité du peuple espagnol, et il serait bientôt abandonné à son sort.

Nous avons dit que la royauté de Don Alphonse ne garantirait nullement les intérêts catholiques et elle serait même anti-politique.

Alphonse de Bourbon mis sur le trône par Serrano et consorts, serait contrain t d'accepter la théorie des faits accomplis, c'est-à-dire : la liberté des cultes, l'enseignement laïque athée, l'expulsion des religieuses, l'abolition des ordres religieux et des confréries; la confiscation, au profit de l'Etat, de tous les temples, hospices et hopitaux; la disparition de tous les biens ecclésiastiques et communaux ou de bienfaisance, la violation du concordat; son gouvernement continuerait à faire la guerre à Dieu et à l'Eglise en foulant aux pieds les lois divines et ecclésiastiques; il serait obligé de nommer révolutionnairement et les évêques et les autres hauts dignitaires.

L'immense majorité des Espagnols est catholique, il n'y a pas de protestants ; seulement, quelques rares athées. L'Espagne veut obéir au Saint-Père en tout ce qui concerne la morale ; l'Espagne veut avoir la religion sans entraves et sans la moindre contrainte. Don Alphonse de Bourbon ne pourrait jamais garantir le libre et filial épanchement des fidèles Espagnols envers leur Père et leur Pontife suprême.

Politiquement parlant, Don Alphonse ne représenterait pas cette noble et fière Espagne, maîtresse jadis des deux mondes : l'incertitude, les humiliations vis-à-vis des puissances étrangères, la guerre séparatiste de Cuba par l'abolition de l'esclavage, le hasard et un sombre avenir, voilà ce que représenterait la monarchie alphonsiste.

Don Alphonse osera-t-il combattre la politique envahissante de la Prusse ? Non, Bismark et ses affiliés sont trop bien écoutés par les partisans de Dona Isabelle ; la politique espagnole d'aujourd'hui n'est que le reflet de la politique allemande.

Don Alphonse osera-t-il réclamer l'exécution des traités de 1725 et 1815 ? Evidemment non ; car ces deux traités l'excluent du trône. Don Alphonse de Bourbon ne peut représenter que le constitutionalisme révolutionnaire et la théorie des faits accomplis, deux bases de la politique allemande dont la conséquence serait l'anéantissement politique de la France et de la race latine.

Nous avons prouvé que Don Alphonse de Bourbon, enfant de seize ans, est impossible en Espagne ; nous ne croyons pas que ce soit la solution préparée par Serrano ; mais si telle était la pensée du *soi-disant* duc de la Torre, ce malheureux jeune prince n'aurait qu'un règne précaire et éphémère et serait bientôt forcé de reprendre le chemin de l'exil, avec le remords d'avoir contribué à la ruine de sa patrie. Deux souvenirs devraient venir à l'esprit du jeune prince : Don Juan d'Autriche et Henri de Transtamarre. Don Juan d'Autriche est grand dans l'histoire ; Henri de Transtamarre, bien qu'ayant réussi à devenir roi par l'assassinat commis par lui sur la personne du roi Don Pedro son frère, à Monteil, a terni toutes ses gloires, et son souvenir est taché du sang fratricide.

Du règne d'Isabelle et de celui de son fils, il ne resterait plus que la honte, l'horreur et le mépris.

IV

La monarchie d'un prince étranger.

Nous ne pouvons pas nous persuader que le général
Serrano ait eu le 3 janvier dernier l'intention de se préparer un 18 *brumaire,* en se déclarant d'abord le protecteur et le soutien de la République chancelante pour l'écraser et s'emparer plus tard de l'Empire. Le général Bonaparte
était un génie militaire, il avait terrassé les ennemis de la
France ; le général Bonaparte, malgré ses grands défauts,
était encore grand, tandis que Serrano restera toujours
petit. Les notabilités de la Révolution française appuyè-
rent le premier Consul, tandis que les hommes qui entourent Serrano seraient, le cas échéant, ses ennemis les plus
acharnés, surtout s'il prétendait gravir les degrés du trône.
D'un autre côté, le soi-disant duc de la Torre ne peut pas
se flatter d'être éternellement Président de la République,
car les vrais républicains lui sont hostiles ; et un pouvoir
qui depuis dix mois n'a fait que passer des mains de Castelar et Figueras à Pi y Margall, de Pi y Margall à Salmeron
et de Salmeron encore à Castelar, ne peut sourire à la
sotte ambition de ce nouveau personnage de vaudeville.
L'appui que pourrait lui prêter Garcia-Ruiz, son ministre
de l'Intérieur, sera certainement contre-carré par les fédé-
ralistes, les internationalistes, par Topete, par Sagasta,

par tous les chefs des divers partis révolutionnaires de l'Espagne.

Le duc de la Torre ne peut être non plus un Washington, pas même un Cavour, encore moins un Gambetta. Il est donc forcé d'écraser la République et, à l'imitation de son antagoniste Prim, se poser en roi de *fait;* mais ce fait ne pourrait durer longtemps, la force des choses le pousserait à se procurer à tout prix un roi quelconque, ne fût-ce qu'un mannequin !

Malgré les compromis du duc de la Torre avec le duc de Montpensier, lors de l'insurrection de 1868, nous ne croyons pas que ce dernier soit le candidat de Serrano. Si Don Alphonse, le fils d'Isabelle, rencontre des obstacles insurmontables pour devenir roi, Montpensier trouverait les mêmes et en plus grand nombre.

L'Espagne ne permettrait pas qu'un obscur conspirateur du Palais de *San-Telmo*, occupât longtemps le trône de saint Ferdinand ; et même aux yeux des révolutionnaires et surtout de Serrano, le *noble* et *vaillant duc*, qui trouve bon de ne pas s'exposer dans la bataille d'Alcolea, ne peut être assurément un candidat de choix. L'Espagne, comme toute autre nation qui se respecte, a besoin, pour supporter un usurpateur, que celui-ci ait fait ses preuves de valeur, qu'il ait montré du génie, enfin que l'auréole de la victoire, que les hauts faits d'armes ne le rendent pas tout à fait indigne de porter un sceptre.

Le duc de Montpensier a vécu.vingt ans en Espagne, plusieurs circonstances se sont présentées où ses services, comme général espagnol, l'auraient du moins fait connaître. Eh ! bien, jamais, jamais on ne l'a vu revêtu de son uniforme, sinon dans les réceptions officielles. Une seule fois, le duc de Montpensier a donné des preuves d'une certaine *vaillance :* il a tué en duel son cousin l'infant don Henrique, au grand scandale de toute l'Espagne.

Pour le peuple espagnol, qui va tous les ans, le 2 mai, déposer des couronnes sur le champ de l'honneur, qui en 1808 reçut le sang de nos premiers martyrs de la guerre de l'indépendance, pour ce peuple n'est-ce pas une recommandation que le duc de Montpensier, français, ait versé du sang espagnol ?

Non, le duc de Montpensier ne pourrait jamais tenir sur le trône l'espace d'un an, et l'exemple de Maximilien au Mexique, quoique mort en héros, doit lui faire connaître le sort qui l'attendrait. Serrano ne peut méconnaître que don Antoine d'Orléans est un candidat impossible sous tous les rapports.

Le duc de Montpensier n'est donc pas le candidat *in petto* de Serrano.

Continuons nos conjectures :

Nous remarquons d'abord que les hommes de la situation actuelle de l'Espagne, les amis, complices et séides de Serrano dans la fatale guerre de 1870, se déclarèrent tous, sans exception, partisans de l'Allemagne et hostiles à la France ; leurs journaux en font foi. Chaque victoire de la Prusse sur la France était suivie de fêtes, d'illuminations chez les hommes de ce parti, qui n'est autre que celui de l'*Union libérale,* dont le premier inspirateur et coryphée fut O'Donnell et, après sa mort, Serrano. Les journaux de l'Union libérale et autres républicains, à l'occasion de la candidature du prince Hohenzollern-Sigmaringen, et plus tard, pendant la susdite malheureuse guerre, ne tarissaient pas d'éloges en faveur de ce prince, *descendant des rois, général émérite,* remportant des victoires sous les murs de Paris et ailleurs, etc., etc., bien que cette malencontreuse candidature fût la cause de la guerre et de ses suites désastreuses. Il ne faut pas perdre de vue que le prince de Bismark n'a jamais sérieusement renoncé à cette candidature, ou, du moins, à celle d'un autre prince allemand.

Or, eu égard aux antécédents de Serrano, à sa position actuelle, aux tendances manifestes du parti dont il est le chef, il y a lieu de penser que le duc de la Torre veut renouer l'ancienne intrigue Hohenzollern ou tout autre, en faveur d'un prince agréé par Bismark. Ce serait le plus grand malheur que pût encore subir l'Espagne.

Les prétextes ne manqueraient pas à Serrano ; car les libéraux espagnols, qui ont perdu non-seulement le patriotisme mais toute pudeur politique, ne manqueraient pas de proclamer dans leurs journaux, le *catholicisme éclairé* du prince de Hohenzollern, ses idées libérales, monarchico-constitutionnelles, la protection de l'Allemagne, puissance de premier ordre, marchant, diront-ils, à la tête de la civilisation européenne, hostile à Rome qui ne pourrait plus enchaîner le peuple espagnol à son *obscurantisme ultramontain*, etc., etc. Le cas échéant, les libéraux espagnols se chargeront de renchérir même sur ce qu'on pourrait inventer ailleurs. Ces prétendus libéraux ne manquent pas de phrases brillantes pour tromper le peuple qu'ils sacrifient sans pudeur et dont ils se servent pour satisfaire leur ambition.

Or, le prince Hohenzollern ou tout autre prince allemand, serait pour l'Espagne une nouvelle complication avec les puissances étrangères, une guerre de religion avec tous ses désastres, et en dernier ressort, la ruine, peut-être, de la race latine. L'Angleterre, la France, la Russie et même l'Autriche s'alarmeraient d'abord et ne manqueraient pas de protester contre une telle prépondérance de la race allemande.

Personne n'ignore que le traité de paix de Versailles sera mis en lambeaux, dès que la France sera en état de prendre sa revanche en Allemagne : dans ce cas, un prince

Hohenzollern, roi en Espagne, nous obligerait à combattre sous les drapeaux de l'empereur d'Allemagne : nous, frères des Français et comme eux descendants des races latines, nous nous battrions contre notre propre race au profit de la race allemande ! La France doit donc penser sérieusement aux périls d'une pareille éventualité et se prémunir, en temps opportun, contre la politique insidieuse et envahissante du prince de Bismark.

L'Espagne, sous un Hohenzollern, ferait, en cas de guerre, cause commune avec l'Allemagne, et la France serait exposée à une invasion du côté du Midi, tandis que l'Allemagne envahirait les départements du Nord.

Nous ne mettons pas, le moins du monde, en doute la valeur et la bravoure de l'armée française ; mais l'Allemagne, d'accord avec l'Italie et avec l'Espagne, rendrait bien critique la position de la France. Ce n'est pas nous qui les premiers donnons le premier cri d'alarme : l'éminent publiciste Louis Veuillot, a dit, il y a deux mois, que Bismark avait besoin d'un Serrano en Espagne, en cas de guerre probable contre la France. Et, en effet, une armée de soixante mille Espagnols sur les frontières des Pyrénées, obligerait la France, pour garantir ses frontières méridionales, à occuper une armée de deux cent mille hommes, qui manqueraient ailleurs, sur le Rhin, par exemple. Si, par malheur, la France perdait la bataille décisive, ses pertes seraient, au moins, trois fois plus considérables que dans la dernière guerre, et les limites de l'Allemagne seraient presque aux portes de Paris.

Voilà les conséquences de la politique de M. Thiers à l'égard de l'Espagne et sa haine pour le parti légitimiste espagnol. Le maréchal Mac-Mahon a eu aussi son moment d'oubli, en permettant à des soldats républicains espagnols de conduire, par le territoire français, des canons, des munitions de guerre et des vivres aux républicains défenseurs de Puycerda, malgré les protestations de la presse légitimis te française.

Ce ne peut être notre intention de faire la leçon au duc de Magenta ; mais qu'il nous permette de lui dire que maintenant son plus grand ennemi est le gouvernement actuel de Madrid ; et si sa conduite politique ne change pas, la coalition allemande italienne prendra de plus grandes proportions, et la France pourra demander, un jour, au gouvernement un compte sévère sur sa faiblesse à défendre la race latine.

D'un autre côté, la France a besoin d'alliances, et assurément les républicains ne peuvent lui en offrir, mais plutôt l'en priver. Ni l'Italie, ni les révolutionnaires espagnols de 1870, ni les Hohenzollern, ni don Alphonse de Bourbon, et encore moins la République cantonale, ne se battront pour la race latine. Inutile de rien attendre du protestantisme. Le seul auxiliaire de la France, le seul qui défend la race latine et le catholicisme qui la symbolise, est ce jeune Monarque, ce jeune héros qui se bat aujourd'hui en Espagne pour la liberté, pour la patrie, pour le catholicisme.

Charles VII amènera volontiers ses soldats pour combattre les projets absorbants de l'Allemagne, comme il s'est présenté, convaincu, à la tête d'une poignée d'hommes pour combattre la révolution espagnole, ses efforts ayant été couronnés par mille et mille victoires, grâce à Dieu et à la valeur de ses soldats. Son amour pour la France est bien connu : à peine la guerre fut-elle déclarée par la France à l'Allemagne, que Charles offrit son épée pour l'indépendance de l'Alsace et de la Lorraine, conquises par son aïeul Louis XIV ; — et disons-le, à la honte du gouvernement napoléonien en 1870, ces généreux sentiments

ne furent pas acceptés ; bien plus, Charles VII reçut
l'ordre de quitter la France dans les vingt-quatre
heures.

Le concours que les libéraux espagnols nous promet-
traient en cas de conflagration européenne, serait celui
qu'ont obtenu les libéraux allemands, la Bavière, la Saxe,
le Wurtemberg et tant d'autres Etats indépendants, aujourd'hui vassaux de l'empereur Guillaume.

L'Angleterre, de son côté, contemple avec effroi les
instincts absorbants de l'Allemagne ; heureusement pour
elle, sa puissante marine la rend maîtresse des mers ; mais
si un jour un prince allemand dominait en Espagne, outre
nos ports de mer qui passeraient aux mains du gouvernement allemand, les îles Canaries et autres ne pourraient-
elles pas être cédées à l'Allemagne en échange de sa
haute protection ? L'Angleterre assurément en serait fort
alarmée.

De plus, l'Espagne réduite vis-à-vis de l'Allemagne
à la condition du Portugal vis-à-vis de l'Angleterre,
celle-ci ne saurait regarder de bon œil l'établissement
d'arsenaux et de manufactures allemandes au midi de
l'Europe, car cette concurrence pourrait, dans un temps
donné, ruiner la prépondérance commerciale de la Grande-
Bretagne.

La Russie, d'un autre côté, verrait de mauvais œil l'Allemagne maîtresse des ports au midi de l'Europe et en Asie,
car ses colonies asiatiques et son commerce seraient certainement ruinés. Il ne faut pas oublier que l'Espagne
possède l'archipel des Philippines et les îles adjacentes,
et que toutes les puissances ont désiré posséder des éta-
blissements maritimes dans ces contrées. Il est donc évi-
dent que l'installation d'un prince allemand sur le trône
d'Espagne serait, pour les puissances, même amies, une
cause de rupture, de déclaration de guerre, et que l'Es-

pagne serait forcée, malgré elle, à prendre part dans un lutte où le prince de Bismark ne manquerait pas de lui faire jouer le rôle de la Bavière, du Wurtemberg et de Bade dans la guerre franco-prussienne.

Sous le rapport religieux, une alliance royale de famille hispano-allemande amènerait une complète rupture avec le Saint-Siége, la persécution ouverte de l'épiscopat et du clergé, l'abolition complète de tous les ordres religieux, et surtout et avant tout de la Compagnie de Jésus, « aimée et si vénérée des Espagnols. »

Et, en effet, les actes du gouvernement allemand envers les catholiques de la confédération allemande sont indignes et scandaleux. Après Sadowa, l'empereur Guillaume promit aux Etats catholiques allemands entière liberté de conscience ; or, la conduite de son gouvernement auprès du Saint-Père, la dissolution et l'expulsion des communautés religieuses, la persécution de la Compagnie de Jésus, même au-delà du territoire allemand, l'emprisonnement des évêques et du clergé allemand catholique, ont fini par ôter le bandeau des yeux de quelques bons catholiques allemands, encore aveugles vis-à-vis des intentions et des tendances de l'empereur Guillaume.

Le prince de Bismark, protestant et franc-maçon comme son maître, avait juré la fin du catholicisme : son premier acte a été, comme nous l'avons dit, l'expulsion des Jésuites, et à leur égard la défense absolue, sous peine de mort, de ne plus rentrer sur le territoire allemand. Le prince de Bismark n'a donc pas caché cette fois-ci son jeu ; il sait que la Compagnie de Jésus est le boulevard de la catholicité contre la réforme, et que par sa lutte persévérante contre le protestantisme, elle lui a arraché une à une ses meilleures conquêtes ; le prince de Bismark sait que sa politique en Italie a été dévoilée et combattue ; il a vu que l'expulsion des Jésuites en Espagne n'a pas amené le triomphe du protestantisme dans notre nation catholique par excellence; dans son orgueil insensé, Bismark croit encore comme les Césars payens, que pour en finir avec le catholicisme il faut immoler les catholiques. Erreur déplorable ! Tout le pouvoir, toute la grandeur de Rome payenne s'est brisé contre l'héroïsme des martyrs, et malgré les siècles qui nous séparent de cette immense hécatombe, les catholiques d'aujourd'hui monteront sur l'échafaud avec le même courage pacifique que 'leurs évêques montrent maintenant lorsqu'ils sont emmenés à la prison.

Le prince de Bismark a appauvri l'Eglise catholique allemande, sans doute pour mettre en pratique la maxime du roi Frédéric de Prusse : « Si vous voulez triompher de vos ennemis, appauvrissez-les. »

Comparons maintenant la politique du soi-disant duc de la Torre dans ses divers ministères et surtout pendant sa régencè, avec celle du prince de Bismark.

Il n'est plus un mystère pour personne qu'une partie des frais de la révolution de 1868 sortit des caisses de l'empereur Guillaume. Un des premiers décrets du ministère Serrano-Prim fut l'expulsion des Jésuites et la dissolution des conférences de Saint-Vincent de Paul, la destruction dès églises et la cession de quelques temples aux protestants : et cela sans avoir encore déclaré la liberté des cultes comme loi de l'Etat. Les ennemis du catholicisme avaient pleine liberté de se réunir, tandis que les corps religieux étaient dissous par cela seul qu'ils étaient catholiques ; le tout au nom de la liberté ! Mieux encore, le Palais de la Nonciature à Madrid fut envahi un jour par une foule de gens sans aveu et étrangers à la population madrilène; les traités avec le Saint-Siége furent brûlés, sans doute *pour cause*. Le ministère Serrano-Prim imposa le serment aux curés et aux dignitaires, et on priva de leurs revenus et même de leurs places ceux qui s'y refusèrent, c'est-à-dire la presque totalité du clergé régulier et séculier : toujours au nom de la liberté et en vertu des concordats existants entre la Cour de Madrid et Rome pour le règlement des affaires ecclésiastiques. On ne peut douter que ce ne soit la continuation de la politique allemande, suivie aussi et patronée en Italie et en Suisse par le prince de Bismark ; on a voulu vaincre le clergé en l'appauvrissant, en supposant que le clergé personnifie l'Eglise, et en secondant ainsi les vues du roi Frédéric de Prusse.

N'oublions pas que dans la catholique Espagne, Rivero, ministre de l'intérieur pendant la régence de Serrano, déclara un jour en pleine tribune que parmi les membres du ministère, un seul était catholique : M. Topete. Huit millions de signatures demandèrent aux Cortès dans ce moment là de respecter l'unité catholique, et toujours au nom de l'Espagne et du respect dû *aux majorités,* la liberté des cultes fut votée. Jamais le dévergondage gouvernemental n'est allé si loin.

L'installation du prince Hohenzollern sur le trône d'Espagne, serait la continuation de la politique que la révolution Serrano-Prim poursuit depuis six ans. Qui sait si, un jour donné, le peuple espagnol, qui est foncièrement catholique, à bout de patience, ne se soulèvera pas contre les persécuteurs de l'Eglise en reproduisant les sanglantes scènes de la Saint-Barthélemy et les Vêpres siciliennes, en donnant lieu à une guerre de religion?

L'Espagne, en outre, vient de prouver qu'elle n'aime pas un roi étranger : il y a maintenant un drapeau vraiment national, sous lequel sont rangés plus de soixante-dix mille hommes, nombre prodigieux qui ne fait qu'augmenter de jour en jour, et que cette armée de héros, appuyée par les sympathies nationales, ne cesse de se couvrir de lauriers : l'Europe entière, et la France surtout, sont intéressées à ce qu'on parvienne à établir en Espagne un gouvernement stable qui garantisse la tranquillité intérieure du pays, la paix à l'extérieur, l'amélioration des finances en les rétablissant sur des bases sûres et économiques, qui puissent permettre de faire honneur aux dettes contractées par la nation espagnole.

Or, le prince Hohenzollern ou tout autre prince Allemand, compterait certainement parmi les ennemis de sa dynastie, les carlistes, les modérés, les républicains et les intransigeants. Ses liens de parenté ou sa dépendance de l'empereur d'Allemagne, l'obligeraient à suivre la politique de Bismark ; dès lors la paix soit à l'extérieur, soit à l'intérieur deviendrait impossible.

Sous le règne d'un prince Allemand, l'état des finances ne ferait qu'empirer ; les intérêts de la dette publique ne peuvent être payés qu'en faisant des économies, en rétablissant l'équilibre partout. Or, les systèmes constitutionnels et les libéraux qui les exploitent coûtent énormément cher au pays ; dans de telles conditions, impossible de se procurer des ressources ; la richesse publique disparaît, car on tarit sa source dès le moment où la guerre ou les convulsions intérieures se déclarent. La guerre civile ou étrangère qui en serait la suite, nécessiterait le peu de fonds publics disponibles ; de là la nécessité de suspension des paiements et bientôt la banqueroute.

Enfin , le prince Hohenzollern étant Allemand , et comme tel enchaîné à la politique de Bismark, ne peut lutter ni en faveur du catholicisme qui est notre croyance, ni en faveur de la race latine qui est notre race. Le prince Hohenzollern est donc la négation de tout ce que l'Espagne aime et désire, et par conséquent il est impossible en Espagne.

L'élévation du prince Hohenzollern au trône de saint

Ferdinand aurait des conséquences fatales, et si les nations du continent européen ne veillent pas énergiquement sur leur salut, elles sont perdues. C'est maintenant le moment de leur dire avec un célèbre publiciste : « le mal est à son comble, le remède est urgent, ou maintenant ou jamais. »

Nous, légitimistes Espagnols, nous avons confiance en Dieu, dans la justice de notre droit, et dans l'épée que l'Espagne catholique a mise dans les mains de Charles VII, de ce vaillant et jeune roi qui garantira notre indépendance et délivrera l'Europe de l'invasion des barbares du Nord, comme aux *Navas de Tolosa* et à Lépante, ses aïeux la délivrèrent de l'invasion musulmane.

<h1 style="text-align:center">V</h1>

La Monarchie catholique. Le passé, le présent et l'avenir de la cause carliste en Espagne.

Serrano a dit qu'en temps et lieu il consultera l'Espagne pour lui donner un maître. Le duc de la Torre a tort de se tourmenter à cet égard ; sans sa permission et même encore contre son gré, l'Espagne a reconnu le droit de Sa Majesté Charles VII ; en moins d'une année, elle a déjà mis à son service une armée de plus de 70,000 hommes, avec les moyens de l'armer, de l'équiper et de l'instruire. Tous les efforts des révolutionnaires de tout pays et de toute nuance n'ont pu réunir une armée capable de combattre les soldats de la légitimité. Les carlistes sont reçus partout à bras ouverts, recevant partout des marques non équivoques de fraternelle sympathie, tandis que les soldats de la Révolution sont partout supportés avec indignation et terreur. Preuve évidente que le gouvernement de Madrid s'agite dans le vide et que l'Espagne soupire après le triomphe de la Monarchie catholique.

Il est tout naturel que pour ce noble peuple qui, unissant la croix à l'épée pendant sept siècles, a su conquérir pied à pied le sol de sa patrie ; que pour ce peuple qui, son roi à la tête, a parcouru le monde en vainqueur et le trouvant petit a demandé à la mer d'autres mondes à conquérir; que pour ce peuple qui, selon une belle expression de Castelar, a mêlé mille fois son sang avec celui de ses rois sur les champs de bataille, en recevant pour prix de son héroïsme *las Cartas pueblas*, origine de nos libertés nationales; que pour ce peuple qui, au cri de *Vive le Roi!* a triomphé à Saint-Quentin et à Xerinola, aux *Navas de Tolosa* et sur la *Salado*, à Bailen et à Otumba, à Clavijo et à Pavia; que pour ce peuple, qui a vu des rois et des empereurs trembler et succomber sous les formidables *tercios castellanos* (volontaires castillans), pour ce peuple, disons-nous, les Serrano et consorts, le prince Hohenzollern ou le duc de Montpensier, don Alphonse ou tout autre candidat révolutionnaire, ne peuvent être que bien peu de chose.

L'Espagne veut conserver à tout prix les saintes traditions de ses pères; l'Espagne veut vivre sous le joug paternel de la monarchie catholique; l'Espagne abhorre souverainement cette indigne comédie qu'on joue chez elle depuis plus de quarante ans. L'Espagne donc repousse, indignée, toutes ces fausses promesses des libéraux et se rallie tout entière au drapeau national arboré par un vaillant et chevaleresque jeune monarque, en soupirant après un triomphe qui la délivrera certainement de tous ces imposteurs.

L'Espagne sait bien que le jour où Charles VII sera fortement assis sur son trône, elle recouvrera son unité catholique, la vraie, la saine liberté, et reprendra la place qui lui appartient entre les grandes nations. En Espagne, les mots d'*Inquisition* ou de *tyrannie,* si souvent exploités par les révolutionnaires pour effrayer les peuples ignorants, ne font plus la moindre impression. La lettre de Charles VII à son frère Alphonse de Bourbon et d'Autriche et les manifestes publiés en faveur des Navarrais, des provinces Basques, des Catalans, des Aragonais et des Valenciens, en leur restituant les anciens *fueros* et immunités, font justice de toutes ces calomnies des soi-disant *libéraux*.

L'Espagne sait qu'avec Charles VII, les Cortès seront composées d'honorables *Procuradores* (députés fondés de pouvoir), qui en vertu de leur mandat demanderont au roi les réformes nécessaires pour l'agrandissement de la patrie, pour la restauration des principes politiques d'ordre, de morale et d'économie, si foulés aux pieds par les congrès révolutionnaires Espagnols, dont le seul but a constamment été, depuis quarante ans, de vivre du budget et de gaspiller les finances au profit de leurs partisans. Du reste, on sait bien que l'avènement de la monarchie légitime sera l'inauguration de sages réformes sur les finances de l'Etat, comme l'avènement de la monarchie révolutionnaire et de la République, n'a été que le signal du désordre financier et la ruine de la fortune publique.

Le parti carliste réformera l'administration en supprimant des rouages inutiles et dispendieux. D'abord, les directions actuellement existantes dans tous les ministères, doivent disparaître, car le service public n'en souffrirait pas, et la suppression des directions procurerait de sérieuses économies à l'Etat.

Le parti carliste aime la liberté municipale et départementale, base de la décentralisation administrative : depuis la révolution, on a créé un grand nombre d'emplois superflus et dispendieux ; quelques employés probes et intelligents suffiraient aisément à tous les besoins des services municipaux et départementaux.

L'inamovibilité des fonctionnaires publics est une des mesures les plus justes et les plus convenables pour former une vraie et digne administration, et le parti carliste, instruit par l'expérience, ne manquera pas de l'implanter dans notre chère patrie.

Le département de l'Instruction publique doit passer au ministère de Grâce et de Justice ; celui des Travaux publics au ministère de la Gobernacion (intérieur) ; le département du Commerce au ministère des Finances.

Les ministères de *Fomento*, *d'Ultramar* et de la *Marina* doivent disparaître.

Lorsque l'Espagne était grande et puissante, elle se passa de ces divers ministères, et pour diriger ses vastes colonies, nos rois avaient établi le conseil suprême des Indes, qui moyennant une excellente législation spéciale les gouvernait toutes avec une sagesse admirable.

La guerre et la marine doivent former un seul ministère, en sorte que les ministères seraient réduits à cinq : *Finances, Intérieur, Guerre et Marine, Etat, Grâce et Justice*, ce qui comporterait une grande économie.

L'Espagne manque de grandes routes et de canaux : il faut les faire en obligeant les administrations départementales et municipales à y contribuer par des sommes faciles à recueillir, et dans cinq ans l'Espagne sera sillonnée d'excellentes routes, qui rendront plus faciles les communications entre les villes de l'intérieur et tripleront assurément la fortune des peuples et de la nation.

Les tribunaux suprêmes des ordres militaires de la Guerre, de la Marine et de la Justice, doivent se refondre en un seul. Aucune nation n'a trois tribunaux suprêmes : il suffit que dans celui de la justice il existe des sections pour chacun de ces départements.

Le tribunal de la *Rota* actuel doit être représenté au suprême tribunal de justice, par une section ou département spécial, et seulement à cause de ses rapports avec l'ordre civil, sans que pour cela il perde de son indépendance *native*. Le tribunal de la Rota d'Espagne dépend du tribunal suprême de la *Rota romana*, qui se tient auprès du Saint-Siége. L'établissement de la Rota en Espagne a été un privilége accordé à nos rois par les pontifes romains.

Malgré les propos des soi-disant libéraux qui ne cessent de nous calomnier au sujet de l'obscurantisme et du fanatisme qu'ils nous attribuent, nous, carlistes, nous demanderons au Roi, et le Roi nous accordera, non pas seize universités libres-catholiques, mais cent; non pas cent institutions supérieures, mais cinq cents; non pas une école communale, mais dix où toutes les classes de la société pourront acquérir des connaissances scientifiques, afin que tous, égaux devant la loi, puissent aspirer à obtenir les postes publics, par leur intelligence et leur probité.

L'armée nécessite aussi de grandes réformes. Il faut que chaque soldat devienne un défenseur de l'ordre et de la patrie ; il faut lui faire comprendre le besoin de l'obéissance et de la discipline, sans quoi une bonne armée est impossible. Il faut qu'une vraie armée en finisse, une fois pour toutes, avec cette série scandaleuse de *pronunciamientos* et de révoltes qui déshonorent l'état militaire.

Le jour où l'armée espagnole aura à sa tête un roi-soldat; le jour où les ambitions bâtardes seront sévèrement punies; le jour où la justice remplacera le favoritisme révolutionnaire, où le vrai mérite sera récompensé et les nobles ambitions convenablement satisfaites, ce jour-là l'armée espagnole redeviendra cette armée splendide et héroïque, jadis l'admiration du monde entier.

Ce ne sera pas notre faute si l'Espagne ne possède pas, un jour, une armée nombreuse : tous nos efforts, au contraire, tendront à l'augmenter, à la discipliner, à la rendre digne d'une grande nation, et pouvant répondre par le nombre, par la discipline, par l'acquisition de tous

les nouveaux engins de guerre, à la haute mission de
défendre la patrie, au milieu d'une Europe armée au
complet et exposée à une conflagration générale.

Cependant, l'organisation de l'armée doit être faite sans
trop charger le pays d'impôts de sang et d'argent. Il y a
bien des manières d'y parvenir. L'une d'elles, déjà connue
et implantée en Espagne depuis longtemps, est la création
ou plutôt la réorganisation des *milices sédentaires* (gar-
des mobiles), dans lesquelles le conscrit, instruit suffisamment pendant une période fixe, rentre au sein de sa
famille pour ne pas priver de bras l'agriculture, le commerce, l'industrie, ni le foyer paternel.

Les généraux carlistes auront, sans doute, bien réfléchi
et bien médite sur cette affaire si importante, et, après
la guerre actuelle, ils porteront tous leurs regards vers la
réorganisation de l'armée sur des bases qui garantissent
la discipline, la moralité, la valeur et la dignité du soldat,
afin que cette armée soit la digne émule de celles mises
sous les ordres du grand capitaine en Italie, le duc d'Albe,
et du duc de Fuentes en Flandres.

L'un des articles qui surchargent le plus le budget actuel
en Espagne, est celui des retraites et des mises en dispo-
nibilité. Que l'Etat récompense les services loyaux des
fonctionnaires vétérans, rien de plus juste; mais à ce titre
on commet depuis bien des années, en Espagne, des abus
révoltants, en sorte qu'il y a d'innombrables sinécures au
profit de gens sans aveu et sans le moindre mérite. Il est
donc absolument indispensable de réviser tous les dossiers
concernant ces deux catégories, pour évincer immédiate-
ment tous les incapables et les indignes, et que les hommes
aptes au service occupent leur place et y rendent les
services que l'État a droit d'exiger.

En Espagne il n'existe pas encore un vrai cadastre;
plusieurs des fonctionnaires mis en retraite ou en dispo-

nibilité pourraient s'occuper très utilement à la formation des cadastres partiels pour parvenir au cadastre général. Une infinité de fonctionnaires retraités et autres seraient utilement employés, et le peuple n'aurait pas le spectacle de cette foule scandaleuse de salariés vivant dans l'oisiveté.

La même observation a lieu relativement aux pensions accordées aux orphelins de la guerre, aux militaires mutilés dans le service et mis à la retraite. Cette faveur ne doit pas être accordée sans des motifs justes et vrais, et on devra annuler, après sérieuse révision, les abus commis par l'esprit de favoritisme.

Le Roi, fils soumis de l'Eglise, rétablira l'accord qui doit exister entre le Père commun des fidèles et le peuple catholique espagnol. Le concordat doit être rétabli dans toute sa vigueur, en coupant court à toutes ces questions de *biens nationaux* tant de fois reprises et abandonnées.

Puisque l'État, avec ou sans raison, ce dont nous ne nous occupons pas maintenant, s'est emparé des biens de l'Église, il est juste qu'il remplisse les charges attachées à ces mêmes biens et qu'il indemnise l'Église de ses pertes. La somme de sept cents millions de réaux, consignée dans le budget, comme faible échange des biens usurpés à l'Église et vendus au profit de l'État, n'est pas sans doute en rapport avec la valeur de ces biens, puisque celle-ci est bien supérieure; mais dans l'état actuel de l'Espagne, c'est une somme énorme. Il serait donc convenable de faire émettre, d'accord préalablement avec le Saint-Siége et l'Episcopat espagnol, des titres de la dette nationale représentant le capital reconnu entre les deux puissances, le Saint-Siége et le roi d'Espagne. En agissant ainsi, ce chapitre disparaîtrait du budget des dépenses et l'Eglise recouvrerait la liberté dont elle a été si injustement dépouillée.

Personne n'a le droit de s'immiscer dans ce qui concerne la discipline ecclésiastique et la morale, si ce n'est l'Eglise elle-même; si on considère surtout que la doctrine de l'Eglise ne fait qu'enseigner la paix et le respect dû aux puissances légitimes.

Si au nom de la liberté nous voulons jouir du droit d'association dans un but honnête de la vie sociale, non contraire mais conforme aux lois et aux mœurs, de quel droit pourrons-nous défendre ou empêcher les associations chrétiennes, les réunions pour exercer la charité, pour prier ou pour se retirer dans un sanctuaire, afin de s'y prosterner aux pieds du Père des miséricordes?

L'Etat qui se permettrait de défendre à l'Eglise ce droit naturel d'association, serait coupable d'une tyrannie cruelle et insensée. Peut-être plusieurs de nos lecteurs et d'autres qui n'ont pas examiné à fond le parti légitimiste espagnol, croiront-ils que les théories que nous venons d'exposer ne seraient pas symbolisées dans la monarchie traditionnelle de l'Espagne.

Il faut cependant que tout le monde sache que tel a été, est, et sera le symbolisme de la politique carliste; que nos théories ci-dessus sont implicitement contenues dans notre ancienne législation, dans nos *fueros* et dans nos traditions; que Charles VII ne fera que reconstituer la monarchie espagnole sur ses anciennes bases, en les accommodant aux exigences, aux progrès et aux améliorations demandés par les besoins de l'époque moderne.

Le passé de la monarchie catholique espagnole est la gloire dans les sciences, le progrès et la protection pour les arts, l'héroïsme et la grandeur dans les armes; le passé de la monarchie espagnole a été cette sainte et céleste ambition de conquérir des mondes idolâtres, superstitieux et abrutis, à la religion chrétienne et à la civilisation; sa mission a été de sauver l'Europe de l'invasion musulmane.

Le passé appartient donc tout entier à Charles VII et au parti carliste ; c'est l'œuvre de ses augustes ancêtres unis au peuple espagnol ; car s'il y eut un *Herrera* pour construire *l'Escurial,* il se trouva aussi un Philippe II qui connaissait parfaitement les beautés des arts ; s'il y eut un *Velasquez* dans la peinture, il se trouva aussi un roi qui l'ennoblit et le décora de la croix de Saint-Jacques, l'ordre militaire le plus illustre; et si l'histoire d'Espagne nous présente des grands capitaines, elle nous présente aussi les *Carlos,* les *Alphonse,* les *Ferdinand,* qui tous étaient d'éminents guerriers.

Avouons cependant, avec douleur, que de cette Espagne si glorieuse que nous léguèrent nos ancêtres, à celle d'aujourd'hui, il y a la différence d'une vaste puissance sur les domaines de laquelle *ne se couchait jamais le soleil,* à un petit royaume que les soi-disant libéraux ont réduit au pitoyable état où nous le voyons.

Grande est donc la mission providentielle réservée à Charles VII. C'est la restauration de tout ce qui a été détruit; c'est l'œuvre laborieuse de faire revivre l'Espagne et lui faire recouvrer son antique splendeur. Le roi l'a promis : avec la grâce de Dieu et la coopération de tous les Espagnols, la grande œuvre sera faite.

Pour ce qui regarde l'avenir, nous avons la ferme conviction qu'il y a des gloires à conquérir, qu'il y a dans le monde des nations qui méconnaissent encore les beautés de l'Evangile, et ni l'Espagne, ni son roi légitime ne failliront à leur devoir.

Concluons. — Nous avons prouvé, ce nous semble, que la seule solution possible en Espagne, la seule qui pût garantir l'Europe et sauver la patrie, est la monarchie légitime représentée par notre vaillant monarque. Avec lui, seulement avec lui, on peut garantir la tranquillité de l'Europe et l'avenir de la race latine.

Charles VII seul peut relever l'Espagne au rang des grandes puissances civilisées; Charles VII peut, seul, donner au peuple espagnol la paix, la justice, la vraie liberté.

Que-Dieu daigne couronner au plus tôt les efforts de l'illustre rejeton de Recarède, Pélage et Saint-Ferdinand, et faire régner en Espagne la paix et le respect de la loi. Malheureusement, les circonstances ont obligé le roi à faire la guerre et tirer l'épée qui châtie. Quant à nous, soldats obscurs de la cause de la vérité, nous nous contenterons d'aider de toutes nos forces à poser les fondements de cette œuvre grandiose; et si dans les secrets de la divine Providence l'heure de la rédemption n'a pas encore sonné pour l'Espagne, nous serons, à l'imitation de nos pères, martyrs du devoir et de la loyauté.

LE MARQUIS D'ALEX.

Toulouse, 20 Janvier 1874.

Toulouse. — Imprimerie de BAYLAC et BLANC, rue du May, 1.